푸른 시와 시인

세상 안의 길

강선녀 시집

빛나는 시정신을 꼼꼼하게 엮어내는 — 마음

- 강원도 속초 출생
- 『문학시대』 시로 등단
- 하서문학회, 한국문인협회 회원
- (사) 강원문인협회 강원특별자치도지회 회원
- 강원문인협회 평창지부 회원
- 평창문화원 이사, 재능시 강원지부 회원
- 시집: 『세상으로 가는 길』 『세상 안의 길』
- 이메일: kangsy2038@naver.com

세상 안의 길

강선녀 시집

1판 1쇄 인쇄/ 2025년 9월 10일
1판 1쇄 발행/ 2025년 9월 15일

지은이 / 강선녀
펴낸이 / 우희정
펴낸곳 / 도서출판 마음

등록 ‖ 1993년 5월 15일 제3001-1993-151호
주소 03073 서울 종로구 성균관로5길 39-16
전화 ‖ (02) 765-5663, 010-4265-5663

값 14,000 원

*잘못된 책은 바꿔 드립니다.

ISBN 978-89-8387-375-0   03810

*이 책은 평창군. (재)평창유산재단 후원으로 발간되었습니다.

강선녀 시집

세상 안의 길

마을

시인의 말

세상 안의 길을 내면서

참 많은 시간이 흘렀습니다.
첫 시집을 올린 지 계절이
열 바퀴 순환하고 강산이 변했습니다.
그동안 가슴속에 강물처럼 흐르던 시어들에게
서정의 외투를 입혔던 시간들을 지나
또 한 권의 고백을 세상의 길에 놓겠습니다

길은 안에서 밖으로 가기도 하고
밖에서 안으로 연결되어 있을 것입니다.
세상 밖으로 가는 길에 저의 감정이 반짝이는

눈물로 문학과 함께하고
세상에서 안으로 오는 길에
더 많은 성찰과 노력이 있어야 함을 압니다.
그것은 변함없는 사랑일 것이고
부지런히 쓰겠습니다

저의 가족과 이 시집을 위해 도움을 주신
모든 분들에게 깊은 존경과 고마움을 전합니다.

2025년 8월 15일 평창의 여름

선녀 쓰다

· 시인의 말

1. 평창 안에

메밀꽃 계절 — · 14
월정사 선재길 — · 16
청옥산 육백마지기 — · 17
금당에 가자 — · 19
대화 장날 — · 21
메밀꽃이 당나귀에게 — · 22
메밀꽃 눈을 보았다 — · 24
평창의 가을 — · 26
눈물은 빗물과 어떻게 구분되는가 — · 28
평화의 창문 — · 30

2. 봉평 안에

봉평에 가면 ― · 32

신발 ― · 34

돌 ― · 36

달 ― · 37

다리 ― · 38

의자 ― · 39

종이 ― · 40

길 ― · 42

길 하나 ― · 43

풍(風) ― · 45

장마 ― · 47

3. 부부 안에

가정(家庭)·1 — ·50

가정(家庭)·2 — ·52

가정(家庭)·3 — ·53

가정(家庭)·4 — ·55

가정(家庭)·5 — ·57

가정(家庭)·6 — ·59

황혼·1 — ·61

황혼·2 — ·62

황혼·3 — ·63

노안(老眼) — ·65

어머니의 하늘 — ·66

아버지 가로등 — ·68

어머니의 봉숭아 — ·69

4. 사회 안에

신호등 — · 72

동치미 국수 — · 74

아버지 — · 75

어머님의 초상 — · 76

화암사 가는 길 — · 78

어머니의 사랑 — · 80

고슴도치 사랑 — · 81

고쟁이 주머니 안에 — · 82

화장을 지우며 — · 83

슬픈 하루 — · 84

엄마의 얼굴 — · 86

5. 인생 안에

꽃 — · 88

서리꽃 — · 90

정월 대보름 — · 91

연등 — · 93

민들레 홀씨 되어 — · 94

봄 향기 — · 96

먼나무 — · 97

붉은 오름 — · 99

숨비소리 — · 101

가을 — · 103

6. 또 다른 길 안에

독도 바람 —·106

꿈 —·108

산타마리아 펜션 —·110

누구세요 —·112

프리지아 향기 같은 —·114

탕 탕 탕 —·115

영생(永生) —·117

나의 빛이신 하서 선생님 —·118

친구야 —·120

감사합니다 —·122

통일이여 어서오라 —·123

다시 걸음마로 서서 —·125

12월의 기도 —·127

1.
평창 안에

메밀꽃 계절

메밀꽃이 피기 전
봉평은 어느 시골도시처럼
5일 민속 장터가 열리고
남안동 다리 건너
효석문화마을 양켠으로
몇몇 막국수집이 보이는
그저 그런 풍경

메밀꽃이 피어나
땅과 하늘을 하얗게 뒤덮고
붉은 꽃대궁이 숲을 이루어
가슴을 흔드는 계절이 오면
효석선생님 생가와 문학관
태기산과 흥정천도 깨어나서
전혀 다른 모습

앙증스레 섶다리가 놓이고
물레방아 힘차게 돌아가는 길목으로
절렁이는 나귀 방울소리와 함께
허생원 조선달 동이의 말소리가
메밀밭에서
두런두런 들려올 때쯤
사람들은 소설 속 산책을 시작한다

월정사 선재길

월정사에 가면
숲속 가득 찬 역사의 향기
선재길에 수놓인 눈물
맑은 계곡물에 어린 사연
임금의 고질병을 고쳐준 선재동자 이야기와
산새소리 바람소리 섞여 아름답고

오대산 동대 '관음암' 서대 '수정암'
남대 '지장암' 북대 '미륵암' 중대 '사자암'
영봉마다 남아 있는 부처님의 설법
월정사 이십여 리 선재길
반추하는 역사의 옷자락이지만
잠시 내려놓을 아름다운 숲길

청옥산 육백마지기

육백마지기에 올라 보자
구불구불 험하고 흙길이지만
산정을 오르는 즐거움
볍씨 6백 말을 뿌렸다는 전설
축구장 6개의 넓은 초원에
어찌 꽃과 풀이 없으랴

미탄면 오지 이름도 고운 청옥산
별을 만지는 언덕 성마령은 어디인가
육백마지기로 얼마나 별이 쏟아질까
별밤지기로 하늘을 바라본다

흰옷 입고 새벽에 산을 올라서
하루 종일 농사일을 하고는
깊은 밤 잉걸불 피워 놓고
별을 바라보며 풍년을 기원하고
자식을 위해 기도하던 사람들

육백마지기를 올라 보자
지금은 신선처럼 편히게 올라
가져온 음식 꽃밭에 펼쳐놓고
행복한 시간 보낼 적에
잡초가 지켜준 땅이라고
가슴에 한번쯤 새겨보자

금당에 가자

대화의 옆구리를
금모래 물결로 흘러
평창강 깊숙이 파고드는
금당에 가자

상안미리 하안미리 나뉘이는
사초거리에 이르러
푸른 이정표를 따라 돌면
산삼 많은 금당산 품속에
태고의 신비가 흘러가는
평창의 맑은 젖줄

이것은 강이 아니다
무심한 냇물도 아니다
자연스레 고향을 흐르는
지상의 은하수 길

세욕을 씻고픈 이여
마냥 맨몸으로 바라간 봐도
깊은 상처까지 아무는
금당에 가자

대화 장날
- 대화초

오대산 맑은 물
감싸 흐르는 강 따라
평화롭게 자리한
전통 깊은 5일장

없는 것 없이 다 있는 좌판
그중 최고는 대화초

풋고추부터 빨갛게 익은 고추까지
세상이 알아주는 자부심 깊은 명물
색깔 크기 맛 삼박자 두루 갖춰

메밀 꽃길 걸어온 허생원 조선달 동이
탁배기 한 사발로 안주 씹던
대화 장날

메밀꽃이 당나귀에게

눈이 큰 당나귀야
네가 메밀꽃 피어난 밤
시끄럽게 울었다지
울음소리 감추려고
방울소리 절렁거렸다지

하얗게 피어난 메밀꽃밭
봉평에서 금당계곡을 지나
대화장 준비를 위해 가던
장돌뱅이 나그네들 짐을 싣고
냇물을 건너며
물에 빠진 허생원을 보고
또 히힝거렸다지
조선달은 박수치며 웃고
동이가 뛰어들어 등에 업을 때
당나귀야 방울소리 울려댔다지

봉평은 그런 것 같아
주막엔 꼭 있어야 할 충주댁도 있고
물레방앗간 전설의 성처녀
달밤엔 소금처럼 반짝이는 메밀꽃
아 무섭기까지 했던 첫사랑 물레방앗간
달빛 속 장돌뱅이 세 남자
그리고 바로 너 당나귀
그래야 가산 선생 문학 속으로 갈 수 있어
우리나라 단편문학의 백미라는
참 소설여행을 할 수 있어

메밀꽃 눈을 보았다

어느 날 메밀꽃 눈을 보았다
이효석문학관 앞 물레방아 지나서
생가 울타리 넘어 구름집 같은
평양집 언덕에 흐드러진 메밀밭을 걷다가
가슴이 하얀 꽃불로 타오를 때
나를 바라보는 꽃눈

메밀꽃 속눈 속에는
달빛 길을 걷는 세 남자와
절렁거리는 나귀방울 소리와
새악시의 슬픈 눈물이 어리고
둥근 안경테의 젊은 신사가 서 있다

허생원 조선달 동이
친근한 장돌뱅이 이야기 소리
히힝거림도 없이 발바닥 장단 맞추는 나귀

성처녀 한숨 속에 팔려 가는
속사정이 달빛 따라 메밀꽃에 스며들고
가산 선생 고향이 그리워 단편을 쓴다

메밀꽃 눈 속 사연은 현재다
과거에서 못 이룬 사랑
현재라는 메밀꽃 길을 지나면
메밀이 까맣게 익어 가는 어느 날
허생원과 성처녀 동이가
만나 듯이 잃어버린 사랑을
메밀밭에서 소원하면
그 사랑 꼭 다시 돌아온다고
메밀꽃 눈은 말없이 들려주고 있다

평창의 가을

평창의 가을은
백두대간을 지나는 바람 타고 오다

계방산 운두령을 넘고
대관령 동해 파도소리 가르며
허리춤에 단풍 한 자락 매달고
월정사 문수보살 미소를 스쳐
때 묻지 않은 바람으로 온다

용평 봉평 대화 논배미마다
황금물결 출렁이고
고랭지 배추밭에서
포기마다 단맛 가득 채우고
맑은 계곡 양식장 송어 살찌우며
평창의 가을은 온다

하늘이 꽃으로 내리는 계절
평창강 쉬리 떼를 따라
자연이 어우러진 고을
평창의 가을을 만나볼 일이다

눈물은 빗물과 어떻게 구분되는가

슬픔에게 가슴을 점령당하면
흘러내리는 뜨거운 액체
뺨의 곡선을 따라 흐르다 보면
어느새 차갑게 식은 습기가
손등을 아리게 하듯이 빗물도
구름 속에선 뜨거웠으리라
작은 물방울들이 삼삼오오 모여
공중에 호수를 만들고 샘물이 길을 내다가
목마른 대지를 적시려 뛰어내리면
뜨겁지 않고서야 길을 잃기 십상이어서
우리의 눈 속이나 허공의 눈 속
흘러내리는 습기는 다를 바 없는데
손등으로 몇 번 훔치면 되는
아니 손수건 한 장 물티슈 두 장과
귀찮은 우산을 들어야 하는 차이로
눈물과 빗물을 구분할 수 있는가

눈물 흘리는 일이 끝나면 배시시 웃고
빗물 내리는 일이 끝나면
청명한 허공 적셔지는 두 종류
습기가 구분 되겠는가

평화의 창문

평창은
평화의 창문
세세를 향해 활짝 열린다
태평양에서 시작되어
동해를 거쳐 대관령에 이른
맑고 고운 바람의 찬가여

전쟁과 기아 질병을 넘어
분쟁과 암투 억압을 지나
태고의 설원에 함께한 우리
화합과 자유 관용으로 만나
승리의 월계관을 쓰자
빛나는 동계올림픽 깃발이여

2.
봉평 안에

봉평에 가면

산구릉 밭구릉마다 하얗게
메밀꽃이 피어나는 봉평에 가면
슬픔으로 동여맨 목도리를 풀어 던지고
백년 전부터 들려오는 이야길 들을 일이다

가산 선생 둥근 안경테 너머로
쩔렁이는 나귀방울 소리 들리고
허생원 조선달이 앞서간 발자국 뒤로
아무 말도 없이 뒤따르는 동이의 그림자
달빛에 비춰진 소금꽃이 한들거리면
물레방앗간 달짝지근하게 어려오는 첫사랑

흥정천이 흐르는 남안동 다리 건너
힘차게 돌아가는 물레방아 숲길 오르면
이효석문학관이 반갑게 맞아주고
메밀밭 길 따라 걷노라면 생가와 평양집

사람도 떠나고 마을도 바뀌었지만
사랑노래 지치지 않는 봉평은
잃어버린 사랑을 찾아가는 여정
누구 잘못 어떤 이유 헤어진 사연마다
메밀꽃밭에 오면 찾고 만나고 회복되는
이효석 선생 예언 같은 문학의 향기여

신발

어느 날 빛난 옷을 입고
화려하게 찾아온 너는
내 여린 발에 맞춤형 말굽이 되어
내가 가는 곳이면 어디든
가까운 앞마당부터
세상 끝까지 비행을 할 때도
내 곁에서 나를 보호하던 너

내가 지쳐 앉아 쉬면
너에게도 달콤한 휴식이 찾아오고
또다시 빌딩 숲
막노동 일터
푸른 채소가 일렁이는 밭고랑
나의 고된 시간들을 동행하면서
단 한 번도 싫은 기색 없이
충복으로 나를 섬겼지

모든 것에는 늘 종말이 있어
할퀴고 늘어진 상처마다 골이 깊어
너의 자리엔 후임이 들어오고
쓸쓸히 생을 마감하면서도
언제나 내게
단 한 번도 배반하지 않은
나의 분신

돌

원래는 바위였다
바람과 빗물
풍화작용하는 억겁의 시간
갈라지고 부서져
돌돌돌 구르는 돌이 되었다

구름과 햇살
풍화작용하는 억겁의 시간
아무것도 감내할 수 없는
미지의 시간이 지나면 흙이 될 것이다

바위처럼 딱딱한 나의 글도
내 마음 억겁의 풍화작용
가뭄과 홍수를 거치면
몽우리돌로 깨어져 뒹굴다가
이윽고 냇가 조약돌 되어
그대 가슴에 돌멩이로 남으리라

달

봉평 달빛을 본 일이 있으신가
메밀꽃밭에 속삭이듯 내려앉아
하얀 메밀꽃을 창백하게 만들어
소금을 뿌린 것처럼
하얀 꽃불을 놓던 달빛을

달빛이 없었더라면
메밀꽃이 피어도
나귀 방울 소리도 들리지 않고
허생원 조선달 동이
대화장까지 걷지도 않아서
물레방앗간 첫사랑의 추억은
평창강으로 흘러드는 강물에 섞여
몰래 우리 곁을 떠났을 텐데

메밀꽃밭에 뿌려지던 은은한 저 빛
가산 이효석 선생 둥근테 안경 같은 저 달
그렇게 시린 이야기의 서곡
진정 봉평의 달빛을 보셨는가

다리

섬과 섬을 잇는 연육교
한강을 수놓은 인도교
깊은 계곡에 걸쳐진 나무다리
징검다리 섶다리
이윽고 하늘을 오르는 사닥다리

다리는 언제나 험한 곳에 놓여
아스라이 먼 길을 돌아가지 않아도
쉽게 건널 수 있는 지름길
다리가 놓이기 전까지는
전혀 다가갈 수 없는 길이
거침없는 통행로가 되었는데

당신과의 사랑은
늘 오작교를 꿈꾼다

의자

누군가 자리에
앉아야 제구실을 하지만

나의 자리는
언제나 비어 있어요

가볍게 오세요

쉴 곳이 없으면
그림자도 괜찮아요

종이

아들은 종이에 호랑이를 그린다며
고양이를 그리더니
손자는 유아원 선생님이
엄마를 그려보라 하니까
종이에 할머니를 그렸다

아들은 엄마 품에서 자라서
티브이에서 본 호랑이가
앞마당에서 뒹구는 고양이로 보였고
손자는 저녁에만 잠깐 만나는 엄마가
하루종일 함께 있는 할머니로 보였다

무채색 종이는
색연필로 채색이 시작되면
마음을 그리는 삶의 현주소
내 삶의 여백에

눈에 보여지는 것보다
눈에 보이진 않지만
엄연히 존재하는 무한의 세계
그 커다란 진실을 그리고 싶다

길

애초부터 모호함의 시작이 길이였다
어느 것이 길이고
어느 것이 길이 아닌 구별이나
가야 할 길과 가서는 안되는 길
더러는 가다가 돌아와야 하기도 하고
끝까지 가야만 하는
사실 누구나 가고 있는 길이 널려 있다

바람이 제멋대로 부는 것 같지만
계절 따라 바람의 길이 있고
강물이 제멋대로 흐르는 듯 보이지만
물길은 강둑의 통제에 순응하듯이
우리의 삶의 길은 죽음의 길에 갇혀서
일탈 없는 한방향으로 가는 것일까

지금까지 살아온 것이 길이고
앞으로 살아갈 일이 길이라면
나뭇잎에 새겨진 벌레 흔적조차도
귀한 생명의 길임을 알아야 한다

길 하나

모든 걸음걸이는 길이 된다
눈뜨면 하루 치 길이 놓이고
잠들면 또 꿈속에 길이 열려서
우리는 언제나 길 위에 산다

어제와 같은 오늘
오늘과 비슷한 내일 같아도
그 길은 사뭇 다르고
그렇게 다른 길을 걸어왔다면

어차피 길 위의 인생
어제 연주한 악기는 말고
오늘은 더 멋진 악기로
삶의 하루를 연주하면 어떨까

내 마음의 음표에 따라
주변이 조명도 수시로 바뀌고
향기도 새롭게 흩날리게 되어
길 위에서 써가는 나의 역사

내 길이 환하게 빛나면
어둠을 헤매는 이웃에게도
별빛 같은 등불 하나 점등하여
함께 빛나는 길을 가고 싶다

풍(風)

작아졌다 커졌다
살아 있었구나
숨 쉬고 있었구나
구름 다니는 바람

땀방울 식혀 주는
청량제였다가
한 첩 보약이듯이
들녘의 푸름을 닮았구나

가슴 가득한 시름을
바위에 깎이고
강물에 씻기고
비우고 채우며
말없이 흘러가는구나

구름
산봉우리에 머물면
삶과 죽음
천국을 향하여
열리는 바람

장마

산으로 산으로 들어간
모든 세상의 이야기가
그 옛날 바다 속
큰 눈 뜬 전설이
파문을 일으킬 때

바람의 노래로 시작된
먹구름 품은 눈물이
계곡마다 때 이른
하얀 소복 걸치고
멈춤 없는 춤을 추네

이 많은 장대비가 소용돌이치며
줄기를 잡고 있는 뿌리
강둑 풀섶 돌덩이
기억의 조각들을
오랜 자리에서 결별시키고

한꺼번에 쏟아진 노여움
다리 펴고 앉시도 못하고
강물 안 서서 흐르네

3.
부부 안에

가정(家庭) · 1
- 부부의 연

서로 다른 개체 두 개
통승 없이 하나 됨이
쉬운 일이 아닌
위대한 작업

고통과 아픔의 상처
보듬고 안아 주며
인내로 견뎌
뿌리내리는 부부의 연

눈가의 주름 수로
세월은 익어 가고
미운 정 고운 정
버릴 것 없는 추억

생각이 더 먼저 앞설 뿐
몸은 늙어 그냥 그 자리
일상의 몸살 클수록
바라기 연속 중

가정(家庭)·2
- 비워서 가벼우니

방바닥 심장이 터져
흐르는 물 잠그고
꽁꽁 언 몸 녹이며
집의 소중함 알았네

장식장에 진열된
능력을 과시한 패
전시용 그릇 가전제품
편리함이 사람을 짓눌렀네

방마다 채워진 옷
어깨를 눌렀던 무거운 짐
다 정리해 버리고 나니
작은 것도 크게 볼 수 있는
새로운 눈을 갖게 되었네

가정(家庭) · 3
- 부모님 세례

평생 불자로 사셨던 부모님

막내딸 손잡고
신부님 앞에
하느님의 자녀가 되어
아버지 요셉
어머니 마리아
세례명 받던 날

성호경 긋고
주님의 기도
신부님 말씀 따라
몸짓하시는 부모님

부자의 끈
내려놓고
미사포 쓴 평안한 표정

작고 큰 원죄 다 없어지고
큰 축복으로 다시 태어난
어린양으로
천당 가는 길
꽃길이 되겠네

가정(家庭) · 4
- 아버지

법 없이 사셨던 분
큰소리 한번 안 치시고
언제나 손해만 보고 사셨던
아흔여섯 울 아버지

혈혈단신
피난 나와 고생하시며
일구어낸 조선소와 제재소
자식들 훌륭히 키우신 아버지

정장에 넥타이 매시고
영화관, 한국관을 드나들며
가끔 풍류를 즐기셨던 분
'갈대의 순정' 한 가락의 사연은
말해 주지 않았던 아버지

인자한 미소와 얼굴
자식에게 존댓말 쓰시는 분
엄마랑 한 이불 덮고 주무시는 분

아버지, 사랑합니다

가정(家庭) · 5
- 축복

걱정을 인내하고
손꼽아 기다리던
사랑의 결정체

5월의 꽃향기로
범이와 희윤이
노벨*이를 품던 날

기쁨이
희망이
온 세상 환희의 물결로
감동을 선물했었지
우주를 다 얻은 행복

모태의 둥지 속
좋은 생각
좋은 인성
좋는 태교
엄마와 한 몸 되어
무럭무럭 자라렴

세상이 열리는 날
우렁찬 울음 소리
품에 안고 싶구나

*노벨은 손주 태명

가정(家庭) · 6
- 부부싸움

티격태격
무심히 던져진 말
가슴에 꽂혀
상처 입던 날

말투가 그러려니
습관이 그러려니
표현이 그러려니
너그럽게 이해하면
될 일인데

켜켜이 쌓인
비좁은 마음이 폭발
한랭전선
침묵이 흐르던 날

토닥토닥
친구의 입로 말 한마디
"남편을 큰아들 키운다"
생각하란다

칼로 물 베기, 부부싸움

황혼 · 1
- 서랍 속 사랑

빨 주 노 초 파 남 보
남녀 속옷
가지런히 배열된
속살 드러낸 사랑
익어갈수록
색깔
모양
취향
닮아가는 인성
아들딸 다섯
무지개로 피어난 서랍

황혼 · 2
- 엄마의 수술

미수에 찾아온 혹
힝임치료 불가능
수술이 최선
눈망울이 가늘게 떨고 있는 모습

칼날 같은 시간
어둠 속 갇혀버린 기억
다시 돌아올 세상 두고
얼마나 두려워하셨을까

깨어나서 하신 말씀
아프다고 왜 여기 있냐고
나를 어떻게 한 거냐고
어린아이 보채듯 짜증내어도

엄마
곁에 있어 줘서 고마워요
그 이름 오래도록 부르고 싶어요

황혼·3
- 이사

팔다리 부러지고
노을이 짙게 드리운 휘어진 등
베란다 화초들
은빛 실핏줄 너부러져 숨 죽이네

뿌리내려 살아온 고향
떠나가네
아픈 몸 일으킬 수 없어
자식들 편하게

손때 묻은 세간
딱지 붙여 폐기처분
사주단자 버리고
떠나는 이 길

눈 감고 말 잠그고
자동차에 몸 담고
따라오는 까마귀 소리
환청으로 들리네

노안(老眼)

선명하고
투명한 물체
기억 저편에서
희미한 미소로 손 흔들고

늘어가는 흰 머리카락
처진 주름살만큼
하나씩 흐려지는 잔영

가까운 것 멀리 봐야
보이는 현실
외면할 수 없는
낯선 안경

한때는
당당하고 빛나던 것들
낡은 세상으로
걸어온다

어머니의 하늘

어머니가 밟고 가신 길은
흙먼지 이는 황톳길
꼬불꼬불 놓여진 창에
피 맺혀 찔리는 가시덤불

어머니는 그토록 험한 길을
주저하지 않고
미루지도 않고
자식을 위한 길이라며
용감하게 걸었습니다
그 서러운 삶의 전쟁터에서

어머니의 하늘은
언제나
못난 자식들이었고

그 자식들이
그런대로 잘난 박수갈채 받던 날
하염없이 눈물만 훔치셨습니다

이 세상에 아무도 걸어간 길에
꽃을 피우지 못하지만
어머니 걸어가신 길목에
꽃들이 피어납니다
고행의 길에 피어난
마디마디 알이 밴 행복 꽃
어머니의 하늘에서
들리는 곡조는
자식 꽃들의 노래입니다

아버지 가로등

낮에는 아무런 존재가 없었다
해가 넘어가고 어둠이 내리면
칠흑 같은 어둠을 막아서는 빛의 손재
사실은 낮에도 그렇게 있었다

아버지는 낮에는 보이지 않았다
전깃불 환한 밤에도 없던 존재감
어머니처럼 밤낮없이 손잡고
크고 작은 일을 의논하여도
정작 하늘이 안 보이는 깊은 어둠 속
아버지는 가로등을 켜고 거기 있었다

비바람 불고 눈이 펑펑 내려도
어두운 골목길에 서 있는 가로등
한번도 외롭다 흔들리지 않고
밤새워 말없이 서 있는 가로등
아버지는 내 곁에 서 있었다

어머니의 봉숭아

꽃밭 가장자리 모여 핀 봉숭아꽃
내 손톱에 꽃물 들이시던 어머니
분홍빛 추억으로 다가오는 그리움

어머니는 봉숭아꽃 잎을 따서
그늘에 물기가 마르도록 두었다가
명반과 소금을 알맞게 넣고는
콩콩 약절구에 곱게 찧어서
내 손톱에 수북히 붙이셨다

손톱을 감싸놓은 얇은 비닐과
칭칭 동여맨 고무줄이 벗겨질까 봐
자다가 깨고 또 깨고
아침에 스르륵 풀면
아 천연 매니큐어

친구들에게 자랑도 하고
언니 손톱보다 더 곱다고 우기면서
푸른 한 계절이 꿈처럼 지나며
나는 늘 봉숭아꽃이 부르는 소리를 들었다

멀리서 바라보기만 해도
어여와 어여와
손짓하며 부르는 소리

내가 어른이 되어 다시 들어보니
손톱이 자랄 때마다
반달을 지나 초승달처럼
사라져가는 봉숭아 꽃물처럼
어머니 곁에서 멀어지는 나를 부르는
어머니 분홍빛 사랑의 목소리였다

4.
사회 안에

신호등

그 교차로에는
언제나 두 남녀
빨간 눈의 남자
파란 눈의 여자
밤낮 없이 서 있었다

보행자
수많은 차량들도
두 남녀의 눈 색깔에 따라
질서가 존재하고 있었는데
무시하면 큰 사고로 이어졌다

그 평화로운 보금자리엔
언제나 두 남녀
빨간 눈의 아빠
파란 눈의 엄마
밤낮 없이 보살피고 있었다

아이의 작은 행동
두 부모의 눈 색깔에 따라
꿈을 꾸고 꿈을 이루어
아름다운 세상의 기초가 되지만
어기면 불행의 시작이 되었다

동치미 국수

온 세상 쩍쩍 붙는 겨울
막사발에 담긴 동치미 국수
살아서 걸어 나오고
살얼음처럼 떨리는 내 마음

후룩 후루룩
젓가락에 매달린
생명줄 끝에
할머니 목 쉰 음성
온기로 내려앉는다

고향의 맛
그리운 날이면
겨울바람에 감겨오는
뽀오얀 얼굴

아버지

아버지 머리를 다듬는 이발사
얼룩진 거울 속
오래 묵은 아버지의 핼쑥한 얼굴이 어린다

낡은 의자에 어린아이처럼 앉은
백발의 아버지
하나, 둘 아버지의 시간이
잘려나가는 기억들

삶의 무게를 내려놓은
창호지 같은 얼굴이
거울 속처럼 겹쳐
명치끝이 아린다

아버지는 북에 두고 온
끝내 돌아갈 기회도 없는
고향의 추억을
오늘 짧은 머리와 함께 사려져버린다

어머님의 초상

늦여름 내게
머물다간 바람처럼

그 바람 미동 없이
마른 잎새로

집중치료실 한 켠
다물고 있는 말

까칠한 상념
감싸 안은 채
홀연히 가신 어머님

화암사 가는 길

북녘과 가까운 곳에
할머니의 유언
바람에 실려 고향으로 간다

휘어진 늙은 소나무에
걸친 구름 한 자락
속초 바람이 펄럭이는 깃발로
세상을 일으켜 세운다

당신이 떠난 빈자리에
눈이 무르도록 통곡하던
아버지의 눈물

유언 곁에
더는 볼 수가 없는
아버지의 그림자
설악 지나
화암사로 간다

계곡 따라 내려온 운무
미륵보살의 미소가
연등 숫자 끝자락에
매달려 흔들린다

어머니의 사랑

주고
또 주는 일밖에는
더 없다는 사랑
어머니 발뒤꿈치에 붙어서
세상을 곁눈질로 보았지

눈물 쏟는 일로
자식의 어리석은 행동에
속 썩어도
허물 묻으시던 시린 가슴

그 잔정
몫을 다 나눠야 비로소 웃음짓는
끝없는 사랑
어머니 되어 알았지

고슴도치 사랑

아이들이 온단다
특별한 날이라서
새끼들
먹일 배추김치 갈비
파김치 갈치조림
사랑 가득 담은 반찬
주고 또 줘도 모자란 마음

사랑 한 숟가락
정성 한 손
함께 버무린
고슴도치 둥지

특별한 날이면
관절 무너지는 소리
허리 꺾이는 소리

고쟁이 주머니 안에

여든 여덟
고쟁이 안쪽 주머니에
숨겨둔 비밀
옷핀으로 잠그고 있다

세월을 피하듯
돌돌 말린 지폐
빛바랜 사진 한 장
비닐봉지에 싸여
잠자고 있는 미남

어느 해인가
갇혀 자라지 못한 환갑의 얼굴
느린 눈 가까이 대시고
야윈 젖가슴에 봉긋 묻었다

젖무덤에 파란 잔디가 돋아
기쁜 숨 몰아쉬어도
고쟁이 주머니 옷핀에 잠겨 있다

화장을 지우며

삶의 가면을 지운다

원래의 모습이 아닌
다른 빛깔로 달려온
나의 흔적

슬픈 그림자도
겹겹이 쌓은 위선도
삶의 모서리 창백했던 행복도
허상의 벽에 갇힌 세상

화장을 지우고 지우면서
가면 뒤에 숨겨진 삶을 반추하며
잃어버린 내 모습
투명한 언어로 걸어나온다

슬픈 하루
- 사랑해, 엄마를 보고

대학로 소극장
내 설움 네 설움
회초리로 키워 온 세월들
잔소리로 옹이 박힌 가슴
눈물 흘리네

보이소*
사이소
가이소
진종일 불러도
얄팍했던 주머니 속엔
서러움이 젖어드네

군대 간 아들에게 보낸 편지
괜찮다
걱정 말그래

잘있다
새 하얀 거짓말에
깊어가는 가슴앓이

사이소
보이소
가이소
어리석은 통곡의 강으로
사뿐히 걸어 나오는
두 컬레 신발
따라나서네

*연극 대사에 나옴

엄마의 얼굴

검버섯 핀 세월의 흔적
주름살 하나 또 하나 깊어지네

세월이 흘러도 한결같은 사랑
손과 발 기도되어 옆에 있네

책으로 엮어도 엄마의 삶은 몇 권
페이지마다 새겨져 묻어나는 사랑

거룩한 서녘 노을 닮은 엄마
자식을 향한 한 조각 붉은 바다네

5.
인생 안에

꽃

꽃에는 왜 꽃말이 있는지
왜 꽃에만 꽃말이 붙어 있는지
그 거룩한 진실을 아는가

꽃말 속에는
사랑 우정 행복 좋은 말이 담기고
나를 잊지 마세요
언제나 당신을 기다리고 있어요
내 사랑은 변하지 않아요
기도 같은 염원이 들어 있는지 아는가

보석에게도 보석말이 있고
나무에게도 서로 다른 나무말
새에게도 새말이 있고
꿈꾸는 자들은
별에게도 별말을 붙이지만
꽃말처럼 향기롭게 다가오지 못하고
꽃말만이 우리 영혼을 흔드는지 아는가

그렇게 기다리던 사랑을 만나면
편지 가득 꽃말을 적어 보내고
가슴 아픈 이별 뒤에는
마지막 엽서에 눈물섞인 꽃말을
아니 고백을 깨알같은 글자로 적어 보내는
그 먹먹한 진실을 아는가

서리꽃

땅에 뿌리내린 적 없으니
태어난 곳 어디인지 모르겠지

포근한 온기로
해바라기 한 적 없으니
기약할 인연은 더욱 없겠지

떠도는 서러운 눈물
싸늘한 냉기에
멍든 삭정이만 상고대로 피어나겠지

정월 대보름

달아
달아
맷돌짝처럼 둥근
정월 대보름달아

허리춤에 매단 소원지
지난해 묵은 액 사르는
달집 태우고

풍요를 기원하는 농악에 맞춰
점점 커져가는 불기둥
정성 담은 몸짓의 환영에
까만 눈동자 달처럼 커져 가면

꼬마 녀석 망우리 불꽃
풍등은 날려 하늘에 닿고

달아
닮아
온누리 그 빛 밝혀
어두운 세상 비추어주렴

연등

사월초파일
부처님 오신 날이 오면
허공을 뒤덮은 장엄한 연등

무엇을 매달고 싶었을까
오색 연꽃에 점등하는 소원
삼천 하늘을 오르는데
햇살에도 녹지 않는 업장

속세에 지친 가녀린 마음
부처님 자비광명
눈망울 기도로 다스리다

민들레 홀씨 되어

계단 밑 바람
마른땅
흔늘고 지나가면

자잘한 꽃잎
바람의 냄새로
노란 꽃 물들인다

민초의 꽃

밟혀도 다시 일어나
줄기로 버티던
뽀얀 젖이 낮밤을 치세우고
몸살을 앓는다

온몸 떨고
어느 아득한 순간
양지바른 곳 찾아
바람결에 흩어져 떠난다

민들레 홀씨 되어

봄 향기

겨울잠 깨어난 대지
생명의 불꽃 피운다

묵정밭 양지 녘
달래 냉이 쑥
소녀의 해맑은 미소처럼
몸 안에서 꿈틀거리고

봄바람 잦은 숨결
향기 실어 나르며
물오른 처녀의 가슴처럼
시냇가 버들개지 피어오르면

저 산 너머 산수유
수줍은 눈인사로
그대를 품는다

먼나무

가로수
매달려 있는 빨간 열매
먼 나무예요

먼나무여

제주도 사람도
모른다고 그냥 먼낭이라든데
먼 나무예요

먼나무라고

도대체 알 수 없는
영원히 이름을 알 수 없는
사랑의 열매
요것이 먼나무예요

먼나무여

그래도 제주도 겨울을
등불처럼 밝히고
배고픈 새들의 먹이맛집 되어주는
먼 세월 동안 반가운 나무

먼나무래

붉은 오름

사려니 신성한 숲길
흩어지지 않게
동그랗게 포개어 감은
붉은 화산송이 황토길 위로
참나무 졸참나무 서어나무 편백나무
다양한 수종이 내뿜은
피톤치드

오소리 제주쪽제비 팔색조
참새의 보금자리 어우러져
본래의 숲 모습 간직한
사려니 신성한 숲

너의 호흡이 일어나
바람이 잠시 머물러 가는 곳
햇볕 널은 가지를 바라보며
파란 하늘빛 눈부셔

산길은 숲속으로 향하고
숲속은 다시 산이 되어
고운 빛 이어진 숲길에 서면
나도 사르르 산의 마음이 되어
하루쯤
자연인이 되었음 좋겠소

숨비소리

해가 떠오르면 어김없이
물질이 시작되는 좀녀*

잠수했다 물에 떠오를 때
호이 호오이
몸 풍선 터지는
바다 휘바람 소리

숨비소리 퍼질 때마다
피 뱉는 꽃을 피우는
목숨 건 사랑

섬을 떠나 살 수 없는
고샅길 너머
해녀 숨소리

물질 갔다 혼백이 되어버린
지워지지 않은 혈흔
깊은 바닷속 세상에서
열두 번도 더 길어올리는
소금기에 절은 숨소리

*좀녀: 해녀의 제주도 방언

가을

올 가을엔
먼 곳으로 여행 가야지
봄부터 벼르었는데
앞마당만 맴돌았다

이번 가을엔
멀리 있는 친구들 찾아가서
나누고 싶었던 이야기들
별밤지기로 밤을 지내려 했는데
가을이 깊어가는데
핸드폰만 만지작거렸다

그래 돌아오는 가을엔
가슴 시린 글을 모으고
진주목걸이처럼 한올한올 엮어
시집 한 권 내겠다고

이른 봄부터 여름 내내
마음 꾹꾹 눌러 다짐했는데
무서리 내리는 가을 끝자락
색바랜 낙엽만 줍고 있었다

6.
또 다른 길 안에

독도 바람

독도는
바람 부는 섬

이사부 길 오르면
동도 바람
안용복 길 오르면
서도 바람

해오름
해넘이
흩어진 동해 바람 모이고

강릉 묵호 포항
여객선 따라 오다가
울릉도에서 잠시 숨 고르고
이내 내닫는
역사의 바람

아무 상관도 없는
이웃 섬나라 사람들은
오늘도 왜 그리 귀찮게
비린 비눗방울
독도로 날려 보내는가

꿈

누구나 꿈을 꾼다
꿈속에 집을 짓고 산다

키 높이가 모자라
팔 길이가 짧아
영원히 손닿을 수 없는 열매
그 향기 눈부시었다

수없이 흐르는 빛
너무 멀리 흘러
별을 헤아려 수놓는 가슴
그 잡을 수 없는 것으로
가까웠었다

쌓고
또 무너뜨린
그 꿈의 화원에

숱한 나비와 벌들이
찾아오지 않아서
드높았다

오히려

산타마리아 펜션
- 경기도 가평에서

북한강 옆구리 돌아
가는 길
빽빽한 숲 이루고
이국적인 이름의 집

남서태평양 산타마리아 섬
브라질 어느 도시일까
데크 저 멀리
스포츠 레저 즐기는
청춘의 꿈들이 보인다

가슴 풀어 제친 젊음
파란물결 꿈틀거리며
생동하듯 화폭에 앉으면

자유롭게 덧칠되는
질펀한 공간의 정점

하루의 태양이
말갛게 식어가는 가평
머리 희끗한 노인 하나
저물어 휘어진 그림자를 쓸고 있다

누구세요
- 마스크 쓴 얼굴

만지지도
볼 수도
느낄 수도 없이
자꾸 번져만 가는 무서운 녀석

가족 친구 이웃들
사회적 거리 두기
비대면 온라인 강의

끝나지 않은
코로나 2단계
행정 명령으로
일상화된 마스크 착용

어릴 적 기억
모자 눌러쓰고
마스크로 얼굴 가린
고개 숙였던 범죄자들

어쩌면 좋아요
욕심이 만든 세상
너나없이 모두 마스크
누구세요

프리지아 향기 같은

프리지아 한 다발
거실에 옮겨
취해 보는 꽃향기

코로나로 우울한 마음
토닥토닥 다독이며
밝게 빛나는 자태

그 내음
싱싱한 봄 일으키는
끝없는 생명력

너로 인하여
아직도 살아 있다는 확인
아니 살 수 있다는 희망

탕 탕 탕

빠져나간 바닷물에
펼쳐진 머그팩
숨구멍 옆구리 수십 번 삽질
허리 휘청이며
추격 중

잡힐 듯 숨어버리는
너와의 사투
산낙지 잡는 날
빨판 달라붙는 몸부림
꼬물꼬물 산낙지
말랑말랑 산낙지

탕탕탕
최후의 순간
엄마의 손보다 큰
힘 위에 차려진 한 접시

입맛 쩍쩍
꿀떡 침 삼키는
목구멍

영생(永生)
- 하서 김시철 선생님 영전에

한국 문단의 거목
북녘 하늘
바라보이는
묘지에 묻혔다

생전 보듬던 시어들
배양토 되어

가뭇없는 세월
나목으로 우뚝 섰다

- 2022. 5. 28 파주 동화경모공원

나의 빛이신 하서 선생님

살아생전 카랑카랑한 목소리와
칼날 같은 성격에
우린 늘 기가 죽어 있었죠

습작한 원고를
조심스럽게 내밀면
동그라미보다 빨갛게 X로 표시하며
다시 써 오라고 하셨던 선생님

아직도 글밭의 시어를
엮어 놓는 순서를 몰라 헤매고 있는데
선생님 어찌 하나요
아니, 무척 보고싶습니다

그래도 끈을 놓지 말고
시상이 안 떠오르면

책을 많이 읽으라던 채찍의 말씀
오늘 다시 듣고 싶습니다

나의 빛이신 선생님
영면하소서

친구야

힘들고 고달플 때
기도하는 마음으로
아득한 저편의 삶
미워하지 않은 너

이제
수런수런 이야기꽃에
숨겨 둔 속내라도
토해 보지 않으련
친구야

삭힌 너의 마음
가슴에 두었다가
기억의 실타래 풀려
희미해질 때

얼어붙은 마음의 노래
들려줄 때가
바로 이때가 아니냐구
친구야,
나에게로 오지 않으련

감사합니다

일 년 치 일에 감사합니다

그간 모든 일을 감사합니다

공정과 신뢰 주고받은 사연을 감사합니다

수면 아래 가라앉은 일이
일제히 일어나
망나니 칼춤에 맞춰 춤을 춥니다

감사를 하려 하니
감사하지 않을 일들도
그저 감사합니다

눈 감고
귀 막고
침묵하여도
진실한 가슴에 감사합니다

통일이여 어서오라
- 백두산 연수를 다녀와서

중국 러시아 북한의 접경지대
한 서린 두만강 변
물 위에 정수리만 내놓은 돌멩이처럼
엎드린 채 숨죽인 그대여
경계 허물고 흐르는 강물 따라
신발도 없이 맨발로 달려서라도
자유를 향해 걸어오라

까마득한 별빛 모아
불씨 만들던 터로
얼어붙은 핏줄
봄눈 해산하는 소리 들리면
찰랑이는 물방울 튕기며
눈부신 빛으로 달려오라

인신매매 활발하고
쥐도 새도 모르는 은밀한 숙청
아무도 거두지 않는 그대
서러운 강변 등만 보이지 말고
일어나 어서 오라

우리 있는 곳으로
오랫동안 기다린 품으로

다시 걸음마로 서서
- 평창문화원 60주년에 부쳐

누구나 회갑부터 다시 한 살이 시작되어
어린아이 걸음마로 거듭난다 했는데
평창문화원 60돌을 감격으로 축하한다

한 갑자를 넘어지지 않고 견뎠으면
하늘에 닿은 탑을 쌓진 못했더라도
오대산 지산 하나쯤 옮겼을 것이고

그 속에 청청한 소리를 채우고
그 속에 철쭉꽃 향기를 가두었다면
평창강 샛강 하나는 흘렀을 테지

눈물로 일구고 사랑으로 가꾸며 애쓴 사람들
울고 웃으며 서로 부둥켜안다가
손 흔들며 멀어져 간 사람들

시를 짓고 노래 부르고 춤을 추면서
서긴에 담고 화폭에 옮기고 조각을 만들며
군목 소나무에 군조 원앙을 수놓던 날들

꿈을 찾아 떠나는 인생 여정에서
평창문화예술을 일구었던 큰 뜻은
오대산보다 높고 평창강보다 깊을 것이다

자연이 살아 숨쉬는 평창의 터전에
더욱 찬란하게 꽃피울 다음 60년을 위하여
평창문화원 새 역사의 깃발을 들자

12월의 기도

한 해를 보내는 12월은
매일매일 감사하던 삼백예순날들과
매달매달 감사하던 일 년 열두 달을 모아
종합 감사드리는 달

하늘에게 가족에게
이웃에게 나라에게
고마움을 드리는 감사 축제는
큰 어려움을 작게 해 주신 감사
큰 병환을 감기 정도로 줄여 준 감사
큰 슬픔을 눈물 한 방울로 떠나보낸 감사

기적은 죽음에서 살아 돌아오는 것도
극한 아픔에서 치유되는 것도
갑자기 횡재하는 것도 아닌
아무 일도 없이 평안한 일상이 기적이듯이

없는 감사가
행운과 행복의 감사인 것을 깨닫는
나의 12월의 기도여

새해에는 더욱 감사하며 살아야지
사랑하는 사람은 더욱 사랑하며 살아야지
나를 미워하는 사람도
용서하며 살아야지
내년 12월에는 더욱 뜨거운 감사드리도록
감사기도로 새해를 맞아야겠다